Eugenio Carico

GUADAGNARE E VENDERE CON EBAY

Come raggiungere la tua
libertà finanziaria con ebay

ISBN 978-1-291-57062-5

INTRODUZIONE

Ebay, si potrebbe definire una gigantesca macchina per far soldi, ma la descrizione potrebbe risultare un po' troppo fredda ed anche inesatta, si perchè dietro ad un sistema informatico eccezionale, si celano milioni di persone, che comprano e vendono incessantemente.

Ebay funziona perchè è aperto 24 ore su 24, perchè non ha limiti geografici (o quasi) e sopratutto perchè è incredibilmente divertente, provate a seguire qualche asta on-line e ve ne renderete conto, ed è garantito che su ebay troveremo qualunque cosa ci salti in mente di comprare, anche la più assurda.

Ebay, molto prima dell'avvento dei Social Network, aveva capito le potenzialità della Rete, in realtà se proprio andiamo a vedere, ebay è a tutti gli effetti un Social Network, ma di tipo specialistico ed originale.

Ho scritto questo Libro, riguardante le tecniche di vendita e le strategie più efficaci per l'eCommerce in totale autonomia da ebay, sono frutto infatti della mia esclusiva e personale esperienza di vendite on-line, e nonostante il mio giudizio su ebay sia più che positivo, non mancano alcune critiche e proposte che mi sento in dovere di fare.

Si può vivere di solo eBay?

La risposta è sicuramente Si, ma a patto di imparare prima di tutto le tecniche di vendita, come per tutte le cose si deve imparare a maneggiare gli strumenti prima di lanciarsi in vendite complesse e (forse) redditizie.

Con questo Libro, voglio proprio fare questo, offrire a tutti gli strumenti per riuscire a vendere bene e tanto su ebay, è infatti alla portata di tutti vendere qualcosa sul sito, ma assai più difficile è vendere ad un ottimo prezzo ed in modo continuativo, fino ad arrivare a raggiungere grandi obbiettivi finanziari, non esistono limiti al business su ebay, non dimenticate che i numeri giocano in nostro favore.

All'inizio è ovvio che potremmo utilizzarlo come un secondo lavoro, o un hobby, un divertimento insomma, che ci dà l'opportunità di guadagnare qualche extra e che magari ci svuota la cantina da ingombranti cartoni pieni di roba inutilizzata.

Questa è la forza di ebay, spetta ad ogniuno di noi la decisione su come utilizzarlo, per hobby, per piacere, per comprare oppure per vendere ad alti livelli, facendola diventare a tutti gli effetti la nostra attività principale.

Certo può sembrare tutto un gioco visto da fuori, ma attenzione, come in tutte le cose, ci sono anche aspetti monotoni e ripetitivi nel lavoro on-line, a volte estenuanti, spesso inserzionare centinaia di oggetti è faticoso e richiede molto tempo, sopratutto all'inizio, è per questo che dopo anni di esperienza sul sito, ho sentito il dovere di scrivere consigli assolutamente necessari per trasformare la vendita su ebay in una esperienza davvero entusiasmante e non solo dal punto di vista economico.

Vedremo che caratteristiche e che doti deve avere un venditore di successo in internet, che come tanti di voi avranno già capito, è molto diverso dal classico venditore del negozio fisico, le differenze infatti sono abissali, bisogna apprendere il "linguaggio del web" e le tecniche di marketing proprie della vendita on-line, solo così raggiungeremo delle grandi mete.

Ebay offre a tutti la grandissima possibilità di potersi "inventare" un nuovo lavoro sostanzialmente senza investimenti iniziali esosi e garantisce la parità di partenza, cosa difficilmente riscontrabile in altri ambiti, in questo si è davvero democratico e senza barriere di sorta.

In un futuro di lavoro incerto e di pensioni da fame, l'idea di apprendere un particolare tipo di lavoro come questo, ma immediatamente accessibile, può essere di grande aiuto e consiglierei a tutti di non sottovalutarlo e anzi, di affrettarsi ad impararne i meccanismi, e di non restare indietro, per così dire, è appurato che il futuro sarà più agevole per quelle persone che saranno in grado di apprendere cose e mezzi nuovi di sostentamento, nel più breve tempo possibile, dunque davvero, non spaventatevi all'inizio se farete delle vendite (chiamiamole così) ridicole, è normale ed è capitato a tutti, me compreso, un insuccesso ci apre le porte al successo, se impariamo dagli errori commessi e se capiamo che c'è uno studio dietro da compiere e alcune tecniche fondamentali da apprendere.

Potremmo vedere ebay anche come una sorta di "entrata automatica" in più, è infatti il consiglio dei più grandi esperti di "economia familiare" quello di avere tante entrate mensili oltre al normale stipendio, per chi ce l'ha ovviamente, in pratica bisogna iniziare a pensare al "poli reddito" e non più al "mono reddito" come in passato, dunque attenzione ai vecchi consigli ormai obsoleti, che potrebbero suggerirvi l'idea che ebay sia un gioco o poco più, seguite gli eventi e state al tempo coi passi, solo così potrete vedere un futuro roseo davanti a voi, questi sono semplici consigli, miei e di tanti personaggi ben più illustri e famosi, come Donald Trump e Robert T. Kiyosaki, tanto per fare due nomi a caso.

I numeri di eBay Italia

I dati parlano chiaro, oltre 5.000.000 di iscritti in Italia e come dico sempre, i clienti non ci mancano, dunque il nostro lavoro è di concentrarci su come sfruttare al massimo la visibilità delle nostre inserzioni e di trasformarle in vendite concrete, per riuscirci però dobbiamo impadronirci del "Linguaggio" dell'eCommerce, come detto prima, ovvero della vendita tramite internet, che badate bene, si discosta di molto dalla vendita usuale del negozio fisico, e questo in tutti i sensi, avremo infatti oggetti che si vendono facilmente on-line e che invece si vendono a fatica in negozio e viceversa.

In Italia ebay è diventato il primo lavoro per migliaia di persone, che usano il sito in modo professionale, che è poi la materia di questo libro, anche se ricco di consigli e segreti utili a tutti, anche a chi intende usare ebay solo per comprare sporadicamente.

Attualmente si contano più di 30 categorie differenti e le inserzioni in corso, tra Aste e oggetti a prezzo fisso, sono di qualche milione, da intendersi in continua rotazione, tra quelle in scadenza e quelle nuove.

I venditori Professionali raggiungono il numero di parecchie migliaia, e molti di essi sono iscritti con Partita IVA e hanno fatto di ebay la loro Azienda.

eBay nel mondo

ebay è nato negli USA, ed è presente in quasi tutto il pianeta ed ha regole e tariffe simili in tutto il mondo, gli iscritti sono oltre 250.000.000 e si registrano oltre 40.000 nuovi iscritti al giorno, in continua espansione.

Ogni sito ebay, nelle varie Nazioni, ha una certa libertà di movimento, dovuta principalmente al cambiamento di legislazione in materia web dei vari paesi, tendenzialmente però si riscontra una egemonia di prezzi, tariffe e regole interne, il design dei vari siti poi è identico, unico cambio a parte la lingua ovviamente, l'indirizzo corrispondente al paese, punto IT per l'Italia, punto COM per gli U.S.A. ecc.

Ogni sito ha un proprio team direttivo, che fa comunque sempre capo al sito americano, che detta le regole di massima e la strategia aziendale, da qui alcune scelte discutibili su regole interne, che magari possono avere senso negli U.S.A. ma che qui da noi creano non pochi problemi, sopratutto ai venditori, ne parlerò più approfonditamente in seguito.

Vendere in tutto il mondo è una possibilità reale su ebay ed è un esperienza sicuramente elettrizzante, anche se sconsiglio vivamente di lanciarsi in spedizioni internazionali agli ebayer (come vengono chiamati in gergo gli utenti ebay) neofiti e senza esperienza in merito alle spedizioni, che per lo più sono estremanete costose e con tariffe in continua mutazione e difficili da conoscere a priori.

1

METTERE I PIEDI PER TERRA

Ma come si fa a scrivere una Guida e sopratutto degli ebook, dove si garantisce che farete i milioni in 10 giorni, cominciando da zero e sopratutto, aggiungerei, come si fa a crederci! Io per lo meno non ci sono ancora riuscito, dopo 10 anni di ebay, sono però riuscito a guadagnarci abbastanza da viverci e questo grazie allo studio continuo sulle mille possibilità che offre il sito.

Dunque, iniziamo con l'essere realistici, solo così potremmo raggiungere risultati davvero stupefacenti, e lasciamo perdere le solite bufale sulle vendite in Stock, Dropshipping ecc, tutte bellissime parole inglesi, che funzionano appunto solo dove sono state inventate, siamo in Italia e le cose qui, come sapete bene, funzionano diversamente che altrove, dunque fate pure Drop-shipping, ma all'Italiana, e non è un offesa, è semplicemente l'unico modo per farlo funzionare qui, me ne occuperò in specifico più avanti nei capitoli dedicati.

Idem per quegli acquirenti che pensano di poter compare ad un decimo del valore reale, è impossibile e si rischia solo di cadere nella trappola di qualche furbone, dunque la cosa migliore è sempre quella di partire con i piedi ben piantati al terreno, e questo non vuol dire che non possiamo fantasticare sul fatto che un domani potremmo avere, grazie ad ebay, decine di dipendenti e milioni di fatturato annui, anzi dobbiamo farlo, si anche perchè è già realtà per moltissime persone in tutto il pianeta, e spessissimo sono partite dal niente, come la maggior parte di noi.

Ebay può diventare la nostra attività principale in pochissimo tempo, a patto che studiamo le tecniche di vendita, e che riusciamo ad essere ben organizzati, sostanzialmente, dobbiamo iniziare a vedere ebay con la mentalità dell'Imprenditore, quello vero intendo, con l'entusiasmo, la voglia di fare, ed anche solide basi professionali che lo contraddistinguono.

Non serve nient'altro che un account eBay!

Iscriversi su ebay è facile, basta andare sul sito ebay.it e seguire la procedura, fate attenzione ad inserire i dati corretti, per ora non dovete iscrivervi come Venditori e neanche come Venditori Professonali, anche se è l'obbiettivo del mio Libro trasformarvi in Professionisti di ebay, ma faremo tutto per gradi.

La cosa migliore è iscrivervi come acquirenti, comprare una decina di pezzi ed in seguito iniziare a vendere, avrete così una decina di Feedback ed inoltre avrete l'opportunità di capire i vari passaggi che passano tra l'inizio di una transazione e la sua totale conclusione, che per me è quando ottengo il Feedback da parte dell'acquirente.

Per iscrivervi subito come venditori invece dovrete decidere innanzi tutto se aprire subito una Partita IVA oppure no, cosa che consiglio di fare più avanti e comunque vi verrà richiesto di sottoporvi ad alcune procedure di verifica della vostra reale identità, anche tramite Paypal e telefoniche.

Come ho iniziato, chi sono

Rispetto agli altri ebayer sono piuttosto anomalo, infatti ho iniziato subito a vendere, ma erano anche altri tempi, ero infatti troppo calamitato dalle potenzialità di vendita del sito, ed ebay era appena arrivato in Italia e diciamocelo, mancava proprio nel nostro paese un'opportunità del genere, visto che quello che c'era allora per le vendite on-line era a dir poco penoso.

Ho venduto tanto, prima cose mie e poi pian piano oggetti di altri, ma vedremo più avanti che cosa intendo con questa frase perchè è uno dei modi più veloci per trasformare ebay in un lavoro vero e proprio.

Ricordo con piacere le ore passate nella Comunity di ebay, tra il Salotto e sopratutto la Chat, dove passava di tutto, dal Power Seller (grandi venditori) al ragazzino appena iscritto, è lì che ho iniziato a capire quanto ebay è davvero complesso e difficile, e quanto bisogna saperne per vendere bene e tanto.

Ho avuto tutto il tempo per apprendere le tecniche di vendita on-line, alcune grazie anche ad errori commessi, altre invece studiando i venditori più abili del sito e comprando e leggendo materiale ovunque in merito, e sperimentando in continuazione, cosa che faccio a tutt'oggi, sempre con entusiasmo e curiosità.

Oggi per me ebay è una concreta opportunità di reddito mensile, mi impegna poche ore alla settimana e di anno in anno aumenta di valore, sono anche molto impegnato nella divulgazione delle tecniche di vendita on-line.

In passato mi sono occupato della creazione di siti web e ho sempre lavorato in ambito artistico/musicale, facendo per anni il turnista e insegnando in parecchie scuole di musica della mia città.

Tutte queste esperienze, sono confluite magicamente in un unica realtà che è ebay e la vendita on-line, nonché l'insegnamento delle pratiche di vendita tramite più canali, anche editoriali come questo Libro.

Quanti eBay ci sono?

Gli ebay, diciamo così, sono due: ebay Classico e ebay Annunci, il primo è quello più vecchio e include le Aste e i Venditori Professionali, ebay Annunci invece è un semplice sito di inserzioni on-line, esclusivamente a prezzo fisso e gestito da Venditori occasionali, in teoria si dovrebbe vendere di persona con consegne a mano, questo per questioni inerenti alle garanzie di vendita, ma poi nella realtà si spedisce in tutta Italia esattamente come sull'ebay Classico. Chiaramente io vendo in entrambe i siti e vedremo più avanti come sfruttarli in coppia al meglio, per ora vi basti sapere che se vendo un solo pezzo su ebay Annunci, su ebay Classico con un account professionale da migliaia di Feedback ne vendo qualche centinaio, a fronte di un numero di visite poco più che doppio sull'ebay Classico, da qui si capisce la forza rassicurante per l'acquirente, che scaturisce da un grande numero di Feedback, ne parlerò più in dettaglio nel capitolo dedicato al Feedback.

Ebay dunque oltre ad essere il Leader indiscusso delle Aste Internazionali on-line, ed averle inventate, è anche sul mercato degli annunci on-line, con uno dei siti di maggior successo del nostro paese che offre milioni di inserzioni in corso al mese.

eBay e la libertà finanziaria

E' un tema che mi sta molto a cuore quello della Libertà Finanziaria, innanzitutto, intendiamoci, ognuno ha la propria immagine in tal senso, ma tutti concorderemo sul fatto che se riusciamo a mantenerci bene ed in più abbiamo molto tempo a disposizione, possiamo definirci sicuramente persone Libere e Finanziariamente agiate, la cosa bella di ebay è che, organizzandoci bene, possiamo essere in grado di lavorare pochissime ore e di guadagnare molto, che è poi quello che insegno nelle mie Guide nonché il mio personale obbiettivo nella vita, è in pratica la mia definizione di Libertà Finanziaria.

Come ho già precedentemente accennato, il futuro del "reddito personale" non sarà più quello che ci hanno insegnato i nostri padri, potremmo dover imparare infatti ad avere più lavori contemporanei per ottenere abbastanza denaro da poter permetterci di vivere serenamente, da qui l'importanza di realtà come ebay, che permettono a tutti ed in brevissimo tempo, di ottenere degli ottimi risultati.

E' bene iniziare al più presto, anche perchè, in base alle vostre attitudini, potrebbe volerci del tempo prima di imparare le tecniche di base, senza le quali difficilmente si può sperare di ottenere dei risultati soddisfacenti.

Come leggere questo libro

Questo Libro vuole essere una Guida pratica, pieno di consigli, che vanno usati e applicati immediatamente, alcune cose le capirete subito, altre non le capirete se non dopo innumerevoli tentativi, ma ricordate sempre che quello che vi indico è stato testato e sperimentato personalmente e da altri ebayer, migliaia di volte e funziona sempre.

Vi sono anche alcune riflessioni personali riguardanti il modo di interpretare il sito e siti simili, ma sostanzialmente è un Manuale di tipo pratico, con tecniche da applicare nell'immediato, alcune decisamente complesse per i neofiti, e vi sarà dunque richiesta una certa dose di impegno, se invece desideri apprendere solo le tecniche e le metodologie pratiche, salta pure i primi capitoli e dirigiti senza esitazione verso quelli tematici che affrontano gli argomenti in specifico.

Dunque bando alle ciance, iniziate subito con la prima vendita, fatevi qualche Feedback come acquirenti e poi iniziate subito a inserzionare qualcosa, miraccomando, non commetete il classico errore dell'ebayer neofita, ossia di mettere come primo oggetto in vendita un pezzo da 5.000 euro, è un classico, ma con finale amaro vi garantisco. Iniziate con oggetti di piccolo valore, meglio se non ve ne importa molto anzi e facilmente imballabili e spedibili, evitate per ora di spedire fuori dall'Italia, dunque escludete in fase di inserzionamento la spedizione internazionale. Vedremo in dettaglio più avanti cosa e come metterle on-line nel migliore dei modi, dove reperire la merce da inserzionare, come farsi pagare e come spedire in tutta Italia in modo sicuro e conveniente.

eBay Classico: eBay per Professionisti e eBay per Hobbysti

Quando avrete un minimo di dimestichezza con le vendite e almeno un centinaio di Feedback, consigliati dai 500 in su, potete cambiare senza ulteriori indugi il vostro account ebay da Hobbistico a Professionale (Business), il che non comporterà immediatamente l'apertura della Partita IVA, ma comporterà comunque l'innalzamento degli standard che dovrete offrire agli utenti, dunque vi saranno richieste maggiori informazioni, sopratutto dovrete esporre obbligatoriamente i vostri dati su tutte le inserzioni e dovrete provvedere a spedire in tempi brevi (meglio in giornata, massimo 3 giorni) dovrete inoltre dare alcune garanzie sul diritto di recesso ed offrire in generale un servizio professionale, dunque risposte rapide alle mail e imballi e spedizioni ben fatte, vedremo in seguito i dettagli e come riuscirci. Piccolo consiglio preliminare, non inserite il vostro cellulare personale nelle inserzioni, se non volete che vi chiamino alle 23:45 per chiarimenti sul vostro portatile in vendita, ebay di default inserirà il vostro numero di telefono registrato in precenza, dunque se diventate ebayer Business, cambiate subito il numero di telefono che comparirà nelle inserzioni.

Siete a tutti gli effetti entrati nel "vero" ebay, quello che vi farà fare un bel pò di soldini, se seguirete attentamente i miei consigli, dunque allacciatevi le cinture e iniziamo a vedere nei dettagli cosa dobbiamo imparare e di quali strumenti dobbiamo fornirci per diventare dei venditori ebay di successo.

2

COMINCIARE A VENDERE

Adesso ne sapete già abbastanza per poter iniziare a fare le prime vendite, piccole cose miraccomando, dovete pensare a imparare e ad ammucchiare un po' di Feedback, solo Positivi miraccomando, ancora non potete navigare in alto mare, a meno che non vi interessi regalare oggetti a cui tenete e soldi in commissioni ebay, dunque vendete materiale di cui non vi importa molto e di cui potete fare sicuramente a meno, spesso all'inizio le vendite sono di pochi euro, ed è consigliabile anche per non rendere il pagamento troppo complicato, infatti raggiungendo cifre alte, occorre davvero molta fiducia nel venditore e anche così spesso la diffidenza è comunque elevata, un'ottima idea, se si vuole vendere comunque materiale costoso, come nel caso di auto o moto e gioielli, si può decidere di vendere esclusivamente di persona, con consegna e pagamento a mano, cosa che facilita di molto il problema del pagamento e della fiducia nei vostri confronti, in un secondo momento, quando avrete raggiunto un gran numero di Feedback, esperienza e fidelizzato molti clienti, potrete anche vendere totalmente a distanza, con pagamenti telematici e spedizioni in tutta Italia e all'estero.

Cosa inserzionare

La cosa migliore è iniziare a vendere cose che non ci servono, come detto in precedenza, ma attenzione solo nella primissima fase e solo per imparare le dinamiche base di vendita, dunque la messa on-line dell'inserzione, le offerte, il pagamento, la spedizione e il rilascio del Feedback e per accumulare un numero minimo di Feedback.

In questa fase è fondamentale non ricevere neanche un Feedback negativo, impegnatevi, piuttosto perdete qualche euro, ma seguite il mio consiglio, è vitale per i vostri futuri affari. Superata la primissima fase, che potrebbe durare anche un solo mese, sta a voi e a quanto vendete e vi dedicate, dovete iniziare a vendere oggetti di cui siete esperti, se non conoscete niente (cosa improbabile) leggete e informatevi, la cosa migliore è orientarsi su macroaree, come ad esempio l'Abbigliamento o il Collezionismo, una volta che avete individuato un settore che vi interessa e dove avete una certa dimestichezza, cambiate subito il nome del vostro account con un nome che ricorda il vostro settore o merce in vendita, ad esempio un venditore di quadri potrebbe scegliere un nik del tipo: ePicasso, o GalleriaDelCentro ecc, siate fantasiosi.

Non sottovalutate questo consiglio, un Nik azzeccato può fare davvero la differenza, e questo per due semplicissime ragioni, uno è che ebay è sterminato e dunque dobbiamo trovare il modo per farci notare e due, fattore ancora più importante, quanto terreste a mente il nome di un venditore che su ebay ha il seguente Nik: alessandro454345?

Vendere è un arte e farlo on-line forse lo è ancora di più, anche solo che per il fatto che è relativamente una novità ed in fase di totale scoperta da parte di tutti, le potenzialità sono enormi e come pure i guadagni, se solo riuscirete ad impadronirvi delle giuste tecniche di vendita.

Un tesoro in cantina

E' proprio così, chi più e chi meno, tutti abbiamo un piccolo tesoro in cantina di cose inutilizzate e sicuramente le abbiamo anche in casa, potremmo stupirci scoprendo che quella scatola di latta tutta arrugginita su ebay vale 200 euro! E' l'aspetto più divertente di ebay, in realtà però è molto di più, è una vera e propria scuola su ciò che vale e ciò che non vale, su quanto potremmo farci mettendo in asta quell'oggetto che ci piace, è la differenza tra un Venditore Professionista ed un dilettante, io ad esempio mi sono occupato per anni di Antiquariato e Collezionismo, e posso facilmente guadagnare qualche centinaio di euro semplicemente girando per mercatini e trovando, su molte migliaia, quei pezzi che sono venduti ad una cifra inferiore di quella che potrei farci personalmente su ebay.

Questa è la vera Professionalità e non la presunta lista di grossisti venduta a caro prezzo su ebay, o il solito sistema degli ebook venduti ad un solo euro, che dovrebbero, a detta di chi ce li vende, farci diventare milionari nel giro di pochi mesi, puro fumo negli occhi, inutile e fastidioso.

Sia chiaro che non mi sto riferendo agli ebook in generale, che peraltro uso e vendo pure io, ma deve essere materiale fatto bene e di qualità, e non si può fargli fare mille giri tra mille venditori, cosa che ovviamente ne decreta il basso livello di qualità ovviamente, visto che personalmente non lascerei mai ad altri venditori, del mio materiale gratuitamente, a meno che, come spesso accade con gli ebook su ebay, non sia materiale copiato da chissà chi e di scarsissimo valore sia economico che intellettuale.

Per ritornare all'inizio del libro, iniziamo con il mettere i piedi per terra, dunque, niente è gratis e nessuno ci regalerà la formula per la ricchezza a basso costo e senza che noi non si debba pagarne in qualche modo il prezzo, che spesso non è di natura economica, anzi, magari il prezzo è lo studio e la nostra applicazione in argomenti a noi ostici ad esempio.

Come disse Albert Einstein, nella sua famosa e folgorante citazione:

"Nell'Universo non esistono pasti gratis".

E qui si inizia a fare sul serio, a ragionare da Imprenditori, capire quanto realmente vale un oggetto è come avere la sfera di cristallo degli affari, lascia perdere il tuo coinvolgimento emotivo sull'oggetto, lascia perdere quanto credi che valga, quello che conta è solo una cosa, ossia quanto ti danno se lo metti in vendita, ed è una legge dura, ma tutto sommato onesta del mondo degli affari, sicuramente la conosci vista in un altro modo, ossia la famosa legge della domanda e dell'offerta, solo che su ebay, possiamo barare, per così dire, ma tutto legalmente, ossia abbiamo i mezzi per sapere in tempo reale quanto potremmo vendere un oggetto, ora in questo momento, quanto vale nella realtà:

- *andate su ricerca avanzata*

- *cliccate su inserzioni scadute*

- *scremate quelle con offerte*

Vedremo più avanti, nelle sezioni più avanzate, come in realtà le cose sono ancora più complesse, il valore reale di un oggetto è legato a tantissimi fattori, infatti, alcuni anche di tipo temporale, è il caso delle feste Natalizie, che spingono in molti ad acquistare, dunque si potrebbero avere delle valutazioni un pò falsate al rialzo, come per contro nei mesi estivi e di vacanza, come ad Agosto, lo stesso oggetto potrebbe essere venduto ad un prezzo inferiore, vedasi poi anche il caso della vendita di determinati prodotti, che per loro natura sono legati a periodi dell'anno specifici, come i costumi da bagno, le moto ed i Camper, ad ogni modo escludendo i sopracitati casi, i fattori più importanti per la valutazione di un oggetto su ebay sono:

- *fiducia nel venditore*
- *buone foto chiare e dettagliate*
- *descrizione minuziosa*
- *titolo efficace*

Non le esaminerò in dettaglio qui, perchè sono argomento di interi capitoli in seguito, vi basti sapere che in virtù della lista menzionata sopra, possiamo accrescere enormemente (anche più di quello reale) il valore di un oggetto che stiamo vendendo, bisogna perciò trovare un equlibrio, arriverete al punto di padroneggiare talmente bene il linguaggio delle inserzioni on-line, da potervi permettere di decidere quanto valore "aggiunto", "pompato" dare alle vostre inserzioni, è un arma a doppio taglio, dunque va usata sempre con onestà e senza esagerare, ma sicuramente è a questo livello che dovete aspirare per diventare dei Professionisti delle vendite on-line.

Asta o Compralo Subito?

Io personalmente adoro le Aste, sono divertenti e a mio avviso economicamente danno il massimo della resa, ma a volte è impossibile e logisticamente impensabile mettere all'asta, ad esempio è il caso degli ebook e Guide multimediali, costano pochissimo e possiamo averne all'infinito, dunque è chiaro che è ottimo usare qui il Compralo Subito, spesso abbinato all'inserzione multipla, le tariffe variano, dunque fate attenzione al prezzo di partenza e alla cifra del Compralo Subito, potrebbe costare molto, io prediligo le Aste con partenza minima e inserzioni a prezzo fisso solo in alcuni casi e solo come Oggetti del Negozio, ma è un mio personale punto di vista.

Se vendi materiale di altri, potrebbe essere utile comunque il prezzo fisso, accordarsi sul prezzo con il proprietario sarà così molto agevole anche se a tutti gli effetti il Compralo Subito attira molte meno visite di un Asta e spesso è difficile azzeccare la valutazione reale, perdendo così il costo dell'inserzione, che vi ricordo si paga comunque, vendendo o meno l'oggetto (mica scemo ebay).

Assistente alle Compravendite

Un ottimo modo per avere sempre del materiale da vendere è quello di iscriversi al programma di Assistente alle Compravendite di ebay, un sistema ottimo che ho usato in passato, molte persone infatti non hanno tempo o non sanno vendere su ebay e si affidano ad ebayer esperti in grado di farlo, sono richiesti un numero minimo di Feedback e punteggi soddisfacenti.

Consiglio ad ogni modo il contatto diretto con chi ci fornisce il materiale, dico questo perchè a volte non è necessario, ad esempio anni fa tramite questo programma, vendetti con successo un centinaio di Jeans nuovi per conto di una persona fisicamente molto distante da me, un negoziante che voleva chiudere bottega e non sapeva come smaltire in fretta le rimanenze.

Nel programma, possiamo decidere a priori come venire contattati ed in quale settore orientarci, possiamo anche inserire le nostre priorità e le nostre percentuali di provvigione sul venduto, inoltre possiamo specificare se abbiamo un mezzo di trasporto nostro, per il ritiro/consegna della merce e se disponiamo di un magazzino per lo stoccaggio degli oggetti.

Anche qui, sconsiglio ai non esperti le transazioni internazionali, di difficile gestione, a meno di non conoscere a menadito i costi di spedizione e le regole doganali dei paesi in cui vogliamo operare.

Nella foto sotto potete vedere la pagina ebay dedicata al Programma di Assistente alle Compravendite, possiamo cercare in base a numerosi paramentri, in tutta Italia:

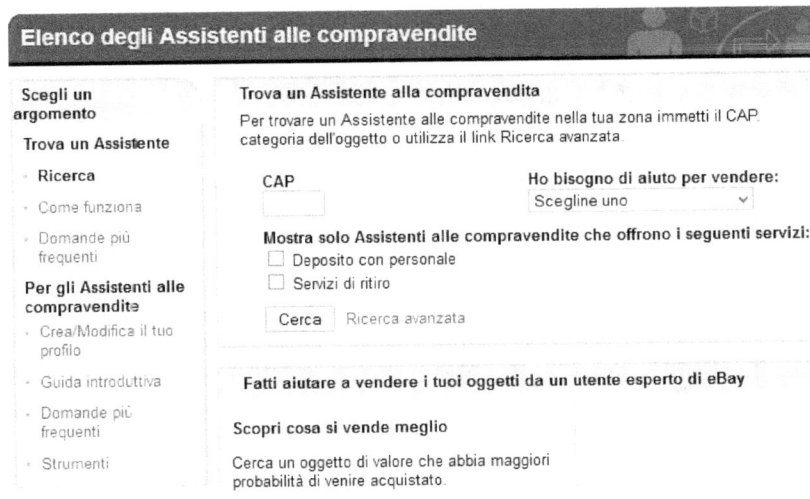

La cosa più stupefacente è che in realtà puoi tranquillamente acquistare su ebay per vendere su ebay, innescando così a tutti gli effetti un circolo virtuoso senza fine, mi dirai che è una balla, tutto inventato, come le liste dei grossisti e gli ebook da 1.000.000 di euro al mese, mi diresti che se fosse vero lo farebbero in tanti, di sicuro tu lo faresti.. IO LO FACCIO!

E si è l'uovo di Colombo, non lo fanno tutti perchè devi essere bravo, perchè devi conoscere molto bene come aumentare il valore della tua merce (ricordate la magica lista di prima), in realtà è duplice la cosa, compri da dilettanti e rivendi da Professionista, con le tue garanzie, con le tue foto, i tuoi titoli e le tue descrizioni, i tuoi imballaggi, le tue risposte celeri e cortesi, questo è in definitiva il valore aggiunto che dai agli oggetti, passando così magicamente da 10 euro a 150 euro, giuro è tutto reale, ma devi diventare bravo, devi sporcarti le mani come si suol dire.

Per questo è molto importante che impari le tecniche che spiego in questo libro, sono il vero segreto del successo su ebay, ma, ricordate quello che diceva Einstein riguardo ai pasti gratis, dovrete fare un piccolo sacrificio di impegno, e parecchi errori prima di diventare davvero esperti e come si sa, gli esami non finiscono mai e non si finisce mai di apprendere, ma proprio qui è il bello del gioco aggiungerei.

Il Drop-shipping consiste sostanzialmente nel vendere un oggetto di proprietà di qualcun altro e che è anche fisicamente distante da noi, la genialità di questa particolare formula di vendita è che non ci impone nessun investimento economico iniziale e non abbisogna di un nostro magazzino per lo stoccaggio delle merci, non dovremmo infatti acquistare nè ordinare nulla a priori.

Sulla carta dunque è favoloso e in alcune zone del mondo è una realtà quotidiana, come negli Stati Uniti, in Inghilterra e in Germania, purtroppo da noi in Italia è pura utopia riuscire a fare questo, vuoi per problemi logistici, burocratici, legali ecc.

Lo menziono dunque solo perchè è troppo di moda anche da noi ma in Italia purtroppo è ancora impensabile fare del Drop-shipping seriamente, forse in Germania dove vige una efficienza diffusa e una legislazione semplice e chiara in materia, può essere un Business serio, resto molto scettico per le applicazioni Nazionali, fermo restando che attendo con ansia di venir smentito da ebayer Italiani in merito.

Stock e grandi lotti

Se ne fa un gran parlare su ebay, e per molti è la tappa obbligatoria per passare dall'ebay dilettantesco al professionismo, in linea di massima acquistare in Stock per poi rivendere al dettaglio potrebbe essere conveniente, ma attenzione sia ai settori in cui andremo ad operare ed alle cifre e volumi di merce in ballo.

Per chiarirci, la stragrande maggioranza della merce che troveremo in Stock è proprio quella più difficile da smaltire e non a caso, per lo più abbigliamento di scarsa qualità frutto di intere rimanenze di magazzino di negozi semi falliti, in pratica si rischia davvero di vederci appioppare del gran invenduto che difficilmente riusciremo poi a smaltire a nostra volta, e hai voglia di pagarlo poco.

Tendenzialmente poi, ora come ora, in tempi di scarsa liquidità è più facile spuntare un buon prezzo con l'arma del pagamento immediato più che con il vecchio sistema dell'acquisto in Stock, fa molta più forza la leva del "pago subito", in pratica si spunta un prezzo decisamente migliore garantendo un pagamento veloce ed in contanti che con l'acquisto di interi scaffali di merce.

Diciamo perciò che se c'è un accordo reale, con reali grossisti, e che vendono materiale di qualità, la cosa può funzionare, il problema è che i veri grossisti in Italia nella stragrande maggioranza dei casi neanche ci pensano che esiste ebay, è triste dirlo ma non vedo il nostro Paese così ricettivo e pronto per questo tipo di innovazioni, spesso infatti i "grossisti" che possiamo trovare su internet sono a loro volta dei rivenditori, che però non sanno come smaltire la merce in magazzino, dunque bisogna fare molta attenzione anche qui, per non prendere una bella fregatura.

Noi venditori da parte nostra siamo pronti e ricettivi per trattare seriamente con grossisti e produttori, se mi chiama un grossista per vendere tonnellate di merce ad esempio, io sono in grado di accettare sicuramente l'impiego e conosco decine di altri venditori ebay che non aspettano altro e che sono sicuramente all'altezza del compito, ma il fatto è che i grossisti almeno per ora, tendenzialmente non pensano ad ebay come ad una reale rete di vendita, sbagliando, e alla fine si perderebbe troppo tempo per convincere delle persone che conoscono molto poco delle vendite on-line, mi vien da dire beati gli Americani, almeno in questo.

Prime vendite, pagamenti e spedizioni

Su ebay, come in tutte le reali Aziende che si rispettino, più ci si organizza e meglio è, bisogna iniziare a ragionare da Imprenditori, è essenziale tenere una lista delle mail dei nostri clienti, rispondere gentilmente a tutte le mail, anche alle più astruse, vendere su ebay da questo punto di vista non si discosta molto dalle altre esperienze di vendita tradizionali, se abbiamo venduto all'Asta di certo inizieremo a notare alcune tendenze di massa, che è bene tenere a mente in futuro:

- *tendenzialmente il grosso delle offerte si concentra negli ultimi 10 minuti circa*

- *l'Asta tende a fare più visite rispetto ad un Compralo Subito*

- *i Clienti tendono a fare domande importanti all'ultimo momento*

Il primo punto è fondamentale, gli utenti tendono a concentrare le offerte all'ultimo minuto per cercare di non alzare troppo il prezzo dell'oggetto desiderato, i più esperti all'ultimo secondo, a volte usando anche programmi appositi, a volte funziona a volte no, ad ogni modo per noi venditori, il fenomeno non è negativo, anzi, è statisticamente provato che le aste con prezzi bassi attirano molte più visite, dunque è ottimo che il prezzo rimanga contenuto fino all'ultimo momento, ma, come sempre, c'è il risvolto della medaglia, e l'aspetto negativo è che potremmo ritrovarci a vendere l'oggetto ad un prezzo troppo basso e questo lo scopriremmo purtroppo solo ad asta conclusa, dunque che fare? Ebay ci offre una soluzione, come sempre a pagamento (e tanto) il "Prezzo di Riserva", ossia la possibilità di inserire una nostra cifra minima nascosta di vendita, come soglia di sicurezza, sotto alla quale non si può in nessun modo scendere per aggiudicarsi l'oggetto.

Da qui la detestabile tendenza di alcuni venditori scorretti, ad usare quello che in gergo viene chiamato il "Rialzo a trabocchetto", in pratica si fa rialzare la propria asta da amici o con altri account più o meno legittimi, questa pratica è punita severamente da ebay e personalmente la sconsiglio, meglio piuttosto chiudere l'asta in anticipo e annullare le possibili afferte già ricevute, in caso di problemi, cosa che possiamo sicuramente fare entro le 12 ore dalla normale chiusura dell'asta.

Il secondo punto non ha bisogno di commenti, più visite dunque possibile prezzo più alto di vendita, personalemnte tendo a vendere il più possibile all'asta infatti.

Il terzo punto invece richiede la nostra presenza entro l'ora dalla scadenza dell'asta, qui infatti spesso arrivano domande dai Clienti a cui se non si da immediata risposta, segue la sicura perdita del Cliente stesso.

Ricordarsi la legge aurea che prima di spedire si deve incassare il pagamento, a meno di non accettare il contrassegno, ossia il sistema che consente al Cliente di pagare al momento della consegna, in alternativa potete farvi pagare con Bonifico, Vaglia, Paypal che vi ricordo è di proprietà di ebay e costa al venditore un 3-5% in più oltre alle commissioni ebay e al costo dell'inserzione.

La Postpay invece, la prepagata delle Poste Italiane, è stata vietata sul sito, unico caso in Italia, ebay accetta però senza problemi che i venditori paghino le commissioni direttamente con essa.

Per quanto riguarda la spedizione invece, la più economica è in genere quella delle Poste, la gamma di prodotti è vastissima e vi consiglio di leggervi i consigli sul sito delle Poste.it, dove potrete trovare le misure ed i pesi massimi e minimi ed i prezzi, personalmente uso sempre o il Pacco Ordinario (adesso tracciabile on-line) o la Raccomandata, in base alle dimensioni degli oggetti da spedire, in generale è sempre meglio usare spedizioni tracciabili on-line sul sito delle Poste, per imballare oggetti fragili invece, usate cartoni su misura e la plastica con le bolle, fa molto "Professional" e garantisce un imballo sicuro, un alternativa economica ed efficace è quella di usare dei vecchi giornali appallottolati, per creare un imballo sicuro per oggetti fragili.

Quanto costa vendere su eBay

Su ebay tutto ha un costo, ricordatevelo sempre, in fondo ho iniziato il libro dicendo che ebay è una perfetta macchina da soldi, intendevo dire proprio questo, ma esistono comunque molti modi per risparmiare un sacco di soldi, come ad esempio partire sempre con prezzi minimi nelle aste, utilizzare l'HTML nelle inserzioni per aggiungere foto gratuitamente (vedremo più avanti come) e molti altri trucchi che vedremo in seguito.

Dunque paghiamo subito il costo della nostra inserzione, attenzione dunque alle opzioni aggiuntive, sono in genere molto costose e spesso non valgono davvero il loro prezzo e ricordatevi sempre che il costo dell'inserzione, lo paghiamo comunque, che vendiamo o meno, poi a vendita effettuata paghiamo la commissione ebay sul venduto, che è tendenzialmente cara, diciamo un 10% circa del prezzo di vendita, spedizione esclusa, in realtà le tariffe sono in continuo aggiornamento e funzionano a scaglioni, dunque prendete la percentuale sopra come indicativa.

Si risparmia notevolmente sia in fase di pubblicazione che in fase di vendita, aprendo un Negozio ebay (vedremo più avanti in dettaglio) attenzione però che spenderemo un minimo di 19,95 euro al mese, per la versione Base.

Bonifico, Carte di credito, Paypal

Incassare il pagamento prima di spedire è fondamentale come già detto in precedenza, possiamo farci pagare tramite Bonifico bancario/Postale, molto sicuro per entrambe, venditori e acquirenti, è però molto lento dai 3 ai 7 giorni lavorativi per ricevere l'accredito sul conto, possiamo usare la Carta di Credito per pagare, ma attualmente l'uso diretto della Carta di Credito, su ebay, è assoggettato all'uso di Paypal, che vi ricordo costa un 3-5% in più ed è a carico del venditore, possiamo usare in alternativa il Vaglia postale, molto lento e rischioso (un assegno cartaceo che vi arriva con il postino) o il Contrassegno, ossia il pagamento a consegna avvenuta, che sconsiglio a tutti i venditori, in quanto si presta a mille rischi e pericoli ed inoltre è lentissimo nell'accredito reale dei soldi.

Poste Italiane e Corrieri Nazionali

Per le spedizioni come accennato prima, possiamo usare i prodotti Postali, molto validi ed economici rispetto agli altri, abbiamo la possibilità di spedizioni tracciate in tempo reale on-line e possiamo spedire pacchi del peso massimo di 30 chili, per dimensioni e pesi superiori, dovremmo rivolgerci a Corrieri esterni, ce ne sono parecchi in Italia, fatevi fare sempre un preventivo prima di inserire una cifra nell'inserzione, spesso il costo di una spedizione è proibitivo, sopratutto per oggetti ingombranti e pesanti e a volte per questioni assicurative, diventa davvero difficile trovare uno spedizionere che si accolli la nostra spedizione.

Vendere in tutto il mondo con un Clik

E' la forza di ebay, ma attenzione, sconsiglio di spedire fuori dalla Comunità Europea, se non ai più esperti di spedizioni Internazionali, inoltre i costi sono altissimi e spesso è impossibile quantificarli con precisione in anticipo, cosa che ebay ci richiede, possiamo invece "spedire" tranquillamente in tutto il mondo Guide e ebook digitali, unico limite ovviamente, la lingua e cosa recente, un account Paypal obbligatorio, per altro consigliato vivamente in questo caso.

Il cliente ha sempre ragione

Ricordate il vecchio detto del Cliente che ha sempre ragione, bene anche su ebay è così, ricordate sempre che dietro ad un monitor c'è una persona reale, dunque il signor ebay sarà pure fatto di silicio, ma i vostri Clienti, sono persone reali, che dovete trattare al meglio, anche se a volte, può davvero diventare una missione ardua.

A parte la battuta dell'ebay robotico di silicio, voglio ringraziare l'Assistenza ebay, fatta da persone reali in carne ed ossa, che lavora spesso molto bene ed efficacemente, su un sito ricordiamolo di milioni di utenti, cosa che dimostra una sicura efficienza e professionalità.

Inserzioni di successo

Iniziamo ora la parte più tecnica del libro, dove vi spiegherò per filo e per segno le tecniche, quelle sì, che nessuno vi dice, i codici HTML per le inserzioni, il Marketing su ebay, costruire Titoli con le parole chiave, descrizioni efficaci e mille altri segreti per trasformare ebay in una macchina da soldi anche a nostro favore oltre che per se stesso.

Non mentire mai

Prima regola "non mentire mai" se vendi un auto ammaccata ad esempio, dillo e basta, certo, ti concentrerai sui pregi comunque, ma non omettere mai i difetti, se poi riesci a trasformarli in pregi, bhè allora sei un venditore ebay Professionista e coi fiocchi, immagina che soddisfazione ricevere un commento di Feeback, per la tua auto ammaccata venduta, del tipo:

"*Ottimo affare, venditore onesto e consigliatissimo*"

ricordate sempre che gli ebayer leggono spesso i commenti di Feedback ricevuti dai venditori, sopratutto se devono comprare da voi un oggetto costoso e sono indecisi.

Rispetto delle regole eBay

Prima di mettere in vendita un oggetto su ebay, se hai dei dubbi, consulta la lista degli oggetti vietati o con importanti restrizioni, come ad esempio armi, medicinali e animali (menomale), il rispetto delle regole è essenziale su ebay e ad ogni modo rischi gravi sospensioni del tuo account e anche indagini da parte della Polizia Postale, dunque ti sconsiglio vivamente di violare le regole sulla messa in vendita di oggetti vietati.

Sotto vi riporto gli oggetti vietati più importanti presi dalla lista dal sito ebay.it, nella stessa pagina potrete vedere anche la lista degli oggetti con restrizioni e quelli potenzialmente lesivi dei diritti altrui, se avete dei dubbi in merito a ciò che state vendendo leggete assolutamente queste pagine nella sezione "aiuto" di ebay:

- *Droghe e accessori correlati*

- *Armi da fuoco e da taglio*

- *Materiali pericolosi*

- *Mailing list e informzioni personali*

- *Oggetti correlati alle Forze dell'Ordine*

- *Oggetti rubati*

3

LE BASI

Nei capitoli che seguono, ci concentremo su come creare un inserzione di successo, dunque su come creare una foto professionale, un titolo efficace ed una descrizione breve ma di sicuro effetto.

Titolo, descrizione

Il titolo e la descrizione, insieme alla foto, fanno la differenza tra un inserzione di successo e una che non verrà mai vista da nessuno, dunque è essenziale impadronirci delle tecniche più efficaci per riuscirci, le esamineremo in dettaglio nei prossimi capitoli.

Per creare un titolo efficace, innanzitutto dovremmo cercare di non sprecare le parole in inutili informazioni, dunque evitate di scrivere le parole: vendo, offro ecc, ricordate inoltre che esiste un limite alle parole che possiamo inserire nel titolo, dunque non vanno sprecate, esiste il sottotitolo, ma è piuttosto caro, 0,30 cent e la maggior parte degli ebayer neanche si accorge che c'è.

Fondamentale dunque usare le parole cosidette "chiave" ossia parole che vengono usate dal motore di ricerca interno ad ebay (ma anche da Google) per trovare i vari oggetti, non è dunque uno spreco, ma anzi è basilare, inserire nel titolo il prodotto in vendita e la marca, tendenzialmente è preferibile, in caso di marca molto rinomata, iniziare il titolo proprio con quella, l'aggiunta di alcune parole "chiave" molto usate su ebay, aumenta il numero dei potenziali clienti, parole come Vintage, Raro ecc. il nostro titolo dovrebbe essere simile a questo:

SONY – TV LCD 48" – NUOVO – GARANZIA – ULTIMO PEZZO!

Dunque intanto scritto tutto in maiuscolo, partire con la marca dell'oggetto, breve descrizione sintetica delle caratteristiche più importanti, piccolo slogan per dare un senso di urgenza (ultimo pezzo!) e il tutto spaziato correttamente in modo da essere ben leggibile, non esagerate con il numero di informazioni qui, ci penserà la descrizione a fornirle, il titolo serve esclusivamente per attirare i clienti e per farci salire nelle liste di ricerca ebay (e Google).

Una descrizione efficace con l'HTML di base

La descrizione invece, non avendo problemi di spazio, segue tutt'altre dinamiche, ma ricordatevi sempre la regola che su internet, tutti noi abbiamo fretta, dunque evitate se potete descrizioni ridondanti e lunghe, non le leggerà nessuno vi garantisco, è preferibile un LINK esterno cliccabile per i dettagli più tecnici, dunque inserite le informazioni necessarie e aggiungete foto e LINK esterni se lo ritenete necessario.

Un segreto per rendere più attraente una descrizione è innanzitutto quello di ricordare sempre la regola che a livello visivo, un testo rimane molto più impresso se è diviso in 3 distinti blocchi, divisi da spazi, inoltre anche qui bisognerebbe evitare le ripetizioni e le cose scontate, mettere sempre ad esempio le dimensioni, il peso ecc dell'oggetto in vendita, cosa che raramente si vede invece scritto in una descrizione, ricordarsi anche di specificare eventuali puntualizzazioni utili, come l'esclusivo ritiro del prodotto in loco, oppure la spedizione gratuita ecc.

Ottimo in fine è la sapiente gestione dell'uso delle maiuscole e delle minucole, ricordatevi che in generale, in internet, lo scrivere in maiuscolo equivale al gridare nella vita reale, dunque va usato con parsimonia e dove serve, ad esempio nel titolo come abbiamo visto in precedenza, ed anche in alcuni punti della nostra descrizione.

In fase di inserzionamento, andate nella sezione HTML, la troverete a fianco alla "descrizione standard", useremo alcuni codici HTML che dovranno essere inseriti in questa apposita finestra.

Vi riporto in breve una possibile soluzione reale della nostra ipotetica descrizione, ad esempio per un televisore al plasma, la nostra descrizione dovrebbe essere simile a quella riportata nella pagina seguente:

SONY – TV LCD 48" - NUOVO – GARANZIA – ULTIMO PEZZO!

Televisiore LCD, 48 pollici, _Nuovo_ con _Garanzia_, _Perfettamente funzionante_ e _privo di difetti_, al LINK sotto potete leggere le specifiche tecniche del prodotto fornite dal produttore:

www.tvlandia.com/99000098373/lcdsony48

ULTIMO PEZZO DISPONIBILE, NON PERDERLO!

Come potete notare il testo è diviso in 3 blocchi ben suddivisi da spazi, la prima riga non è altro che il titolo identico, in centro la descrizione delle caratteristiche più importanti, insieme al LINK cliccabile esterno, usando il codice HTML (scegliere descrizione HTML invece di STANDARD):

<a href="LINK ESTERNO">

l'ultima riga invece rappresenta lo slogan vero e proprio che decidiamo di dare al nostro prodotto, potremmo ricordare che è l'ultimo pezzo che abbiamo, come qui, oppure che è un oggetto estremante raro e prezioso ecc. ricordate comunque di scrivere dando sempre del "Tu" ed evitare di dare del "Lei", pena, il notevole depotenziamento dell'intera frase.

L'aggiunta di una nostra foto o più, direttamente nell'inserzione, rende il tutto di gran lunga più professionale e descrittivo, ricordate che una foto vale più di 1000 parole, dunque usatele per descrivere il vostro prodotto, magari da più angolazioni, esaltandone i pregi estetici, vedremo nel capitolo inerente le foto, come riuscirci al meglio, qui vi basti sapere il codice HTML per inserirle nella vostra descrizione:

<img src="INDIRIZZO FOTO">

ovviamente dovremmo preventivamente caricare la nostra foto su di un Sito esterno che offre spazio web gratuito, ne esistono moltissimi, io personalmente mi trovo molto bene con Libero, dove posso caricare praticamente all'infinito e gratuitamente foto e file, ma è solo un opzione tra le tante e copiare ed incollare l'indirizzo tra le virgolette del codice HTML.

Da notare inoltre che tutto il testo della descrizione è impostato come centrale, cosa da ricordare di fare in quanto dà una notevole sensazione di ordine nello scritto, a differenza dell'allineamento classico a sinistra, che, senza scendere troppo in dettagli tecnici, per questioni di layout di pagina è piuttosto antiestetico nelle inserzioni ebay.

Infine, ricordate un ultima cosa molto importante, mantenete dentico se potete il carattere ed il colore del testo in tutte le vostre inserzioni, in pratica createvi uno stile il più personale possibile e mantenetelo anche in futuro, questo vi renderà riconoscibili tra la marea di venditori di ebay.

Fotografie digitali

Come ho già accennato prima, una foto vale più di 1000 parole, ma attenzione, intendo una Buona foto, viceversa, una pessima foto sarà il modo migliore per penalizzare il vostro prodotto e svalutarlo enormemente, dunque fate attenzione alle foto che postate (termine tecnico riferito al caricamento delle foto on-line) e alla loro qualità.

A volte potrete anche arricchire le vostre foto con particolari unici, come la sovrascrittura del vostro nik ebay, oppure con il nome del vostro negozio ebay, in altri casi potreste fare un collage di foto, oppure bordarle con un bordino nero o colorato, potreste anche eseguire un video e postarlo nell'inserzione, non esistono limiti a quello che possiamo fare una volta che riusciamo ad inserire il nostro codice HTML come vi ho mostrato nel capitolo precedente.

Quanti euro vale una buona foto?

Sapete che un buon fotografo professionista, guadagna parecchie migliaia di euro per un servizio fotografico di un prodotto, e non parlo di nomi altisonanti, ma di semplici professionisti bravi, dunque è dal mondo della pubblicità che possiamo dedurre il valore di una bella foto.

Nell'era delle fotocamere digitali poi, per assurdo, la differenza si è accentuata, nel senso che il paragone salta proprio agli occhi, una bella foto a fianco ad una mal inquadrata, buia e sfuocata, la fa da padrona, senza dubbio.

Non dobbiamo diventare tutti degli Oliviero Toscani, tanto per fare un nome su tutti, ma di sicuro dobbiamo per lo meno avere le basi per essere in grado di mostrare al meglio il nostro prodotto, vedremo dunque le caratteristiche basilari di una buona foto digitale:

ritaglio, dimensione, luminosità, contrasto

Cosa inquadrare

Cosa inquadrare, sembrerebbe una banalità, se solo non avessi visto certi obrobri in giro per ebay, cerchiamo di inquadrare il nostro oggetto al centro e da più angolazioni, se è un oggetto complesso, come ad esempio un Auto, dovremmo usare non meno di 4/5 foto, a volte mi sembra di essere ancora ai tempi della pellicola, quando ogni foto aveva un costo, ricordiamoci che sono gratis ed è meglio poter scegliere tra più foto e vedere poi in fase di ritocco le migliori, i professionisti, eseguono centinaia di foto per un singolo prodotto!

Ritaglio, luminosità e Contrasto

E' essenziale che vi procuriate un buon programma di fotoritocco, personalmente uso Photoshop, che è la Ferrari del fotoritocco, ma ne esistono molti altri validi e sopratutto gratuiti, visto che il sopracitato programma è molto costoso, ad ogni modo all'inizio le funzionalità che useremmo saranno davvero poche come abbiamo già visto, in sostanza solo 4:

ritaglio, ridimensionamento, luminosità e contrasto

Per prima cosa, se possiamo, usiamo uno sfondo uniforme e ricordiamoci che anche se inquadriamo bene una foto, dovremmo necessariamente correggerne il ritaglio in fase di ritocco, mantenere qualche millimetro di bordo per lato è un ottima regola, salvo effetti e variazioni personali, tendenzialmente l'oggetto dovrebbe essere posizionato bene al centro, regolare bene la luminosità ed il contrasto in modo che si veda bene e che sia ben illuminato, per semplicità vi mostro nella pagina seguente due esempi, quella a sinistra è sicuramente una pessima foto, mentre quella a destra è un ottimo esempio di foto ben riuscita.

Meglio troppe che troppo poche

Dunque, come dice il titolo, meglio tante foto, possibilmente di qualità, che poche, questo anche per evitare decine di mail alle quali dovrete rispondere, dunque è in sostanza un doppio favore che facciamo a noi stessi, uno perchè aumentiamo il valore del nostro oggetto in vendita e due perchè ci portiamo avanti con il lavoro, per così dire, ed anticipiamo i possibili quesiti del cliente con foto esplicative e dettagli.

Ricordatevi che qui la regola è esattamente l'opposto che per il testo, ossia per le foto non si rischia di annoiare il cliente, anzi, l'obbiettivo delle foto è proprio quello di attrarlo ed il compito è tutto sommato piuttosto semplice a patto però di inserire delle foto di qualità.

Casi difficili

Nella mia esperienza di venditore ebay, non ho mai incontrato tante difficoltà nel fotografare, come ne ho incontrate fotografando monete, per lo più antiche e da collezione, questi oggetti infatti sono tendenzialmente piccoli, riflettono la luce in modo caotico, specialmente il flash e presentano scritte estremamente piccole, ma che per via della loro importanza, devono essere ben visibili in foto.

L'unico sistema per ovviare a queste difficoltà è stato quello di allestire un "mini set fotografico" creato appositamente per fotografare questi piccoli oggetti e devo dire che adesso, dopo anni di foto di monete, sono diventato piuttosto bravo, vedi foto sopra.

Altri casi difficili sono in generale gli oggetti molto scuri e quelli di grandi dimensioni, sta all'abilità del fotografo, caso per caso, ottenere il massimo dalla propria fotocamera, che tralaltro hanno raggiunto ormai una notevole qualità in termini di definizione e di messa a fuoco delle immagini prodotte.

Studio Fotografico

A parte il caso specifico sopracitato delle monete, spesso l'allestimento di un Set fotografico apposito, ci fa risparmiare un sacco di tempo ed aumenta enormemente la qualità delle foto delle nostre inserzioni, se ad esempio vendiamo molto abbigliamento, è sicuramente consigliabile allestire un Set fotografico in una stanza, magari tinteggiata uniformemente e con almeno 2 faretti, davanti, uno a destra ed uno a sinistra e nei casi più professionali e con grandi volumi di vendita, possiamo pensare anche all'utilizzo di modelle e indossatrici di bella presenza, che valorizzeranno in modo esponenziale i nostri capi in vendita.

Altro banale accorgimento, è l'uso di un treppiede e di un faretto portatile, oggetti che possono aumentare di tanto la qualità delle nostre foto, in alcuni casi poi, possiamo anche prevedere l'uso di fotocamere professionali con ottiche intercambiabili, che faciliteranno la messa a fuoco di dettagli o per effetti particolari che desideriamo inserire, ma qui si inizia a parlare di situazioni decisamente professionali, visto anche le cifre in ballo per macchine di questa qualità.

Come accennato prima, potremmo anche inserire oltre a delle foto, anche dei piccoli video del nostro prodotto, cosa ancora più rara da vedere su ebay e comunque devo dire, anche di scarso successo, ad ogni modo, come per le foto, dovremo precedentemente caricare il video in siti appositi esterni, come Youtube ad esempio, ed incollare l'indirizzo del nostro video con il codice HTML per i LINK.

Feedback, croce e delizia

Il Feedback, su ebay, non è altro che un "voto" con commento in apposite pagine personali dell'ebayer, di tutti, sia venditori che acquirenti, è fondamentale principalmente per il venditore ovviamente, visto che gli altri utenti protranno leggere qui le esperienze degli acquirenti precedenti.

E' di recente cambiamento, la regola sul sito, che impone ai venditori di rispondere sempre e comunque con un

Feedback positivo, anche a fronte di un Feedback negativo ricevuto, al massimo il venditore può astenersi dal lasciarlo, è inutile che vi dica che è una regola destinata ad essere quantomeno rivista in futuro, calcolando anche che da un punto di vista legale è fuori da ogni logica, la comunity di ebay, dei venditori e non, si è battuta in tutti i modi, ma sapete come funziona su ebay, o così o così, e questa è la realtà dei fatti.

Quello che è avvenuto sostanzialmente in questi anni dall'avvento delle nuove regole sul rilascio del Feedback è sotto gli occhi di tutti, il sito non è più sicuro perchè i venditori vengono puniti o spesso ricattati, ma anzi, l'unica cosa ottenuta è una svalutazione verso il basso della geniale idea iniziale del Feedback, dico questo nella speranza che possa aiutare a trovare una soluzione di maggior intelligenza e che soddisfi entrambe le parti.

Dunque, fin qui le note dolenti, ma lo dico esclusivamente per confortare quei venditori che pur lavorando onestamente, si vedono rifilare decine di Feedback negativi ingiustamente, senza la minima possibilità di replicare, sappiate comunque che capita a tutti, è ormai endemico del sito, ricevere parecchi Feedback negativi.

Sul Feedback ricevuto e sulle Valutazioni Dettagliate del Venditore, possiamo fare ben poco, e mi limiterò perciò a dirvi che in base ai punteggi di stellette ricevuti, si avrà un giudizio globale del venditore, oltre a quello preesistente, che potrà diventare così un venditore "Top" oppure no ed avere accesso ad alcune promozioni ebay.

Di per se, il Feedback è un sistema geniale e utile, purchè sia semplice e che non si possa prestare in nessun modo a possibili fraintendimenti e ricatti di vario genere, ma ricordiamoci che attualmente è l'unico modo per dare un senso di fiducia a chi, in fondo, sta comprando da noi a scatola chiusa.

E' la nostra "pagina" ebay più importante ed è per questo che ebay e il venditore dovrebbero tutelarla al massimo, a distanza di anni possiamo leggere commenti passati e rivivere quell'esperienza, in fondo è una sorta di Storyboard della nostra esperienza su ebay, sia che siamo dei venditori e sia che siamo degli acquirenti.

Ricordate, i Feedback su ebay sono come i diamanti, restano per sempre.

Un'altra pagina, meno importante, ma da non sottovalutare, è la pagina personale dell'ebayer, visibile cliccando sull'icona "IO" accanto al punteggio di Feedback, in sostanza è una pagina gestita direttamente dall'utente, dove può scrivere ciò che vuole ed inserire alcune foto, è inutile dirvi che se volete diventare dei professionisti ebay, dovete assolutamente utilizzare questo spazio e sfruttarlo al meglio, magari descrivendo la vostra azienda ed i vostri prodotti, potrete anche usare il vostro codice HTML personale, dunque le potenzialità di questo spazio sono notevoli e non dimentichiamoci che è gratuito, così come tutti i Forum e gli spazi della Comunity.

Le nostre pagine del Feedback sono in sostanza la nostra Patente, la patente non per guidare l'auto ma per vendere, dicono agli altri utenti chi siamo, quali sono i nostri pregi e difetti, almeno questo è quello che dovrebbe essere.

Da notare che l'ossessione su ebay per il Feedback ha creato anche alcuni mostri, come ebayer con decine di migliaia di Feedback fasulli, sembra assurdo ma è proprio così, infatti alcuni utenti si "gonfiano" a dismisura il punteggio di Feedback in modo più o meno illecito, scambiandosi perlopiù gratuitamente i Feedback tra di loro, per transazioni ovviamente inesistenti.

Altri invece, per scelta, non rilasciano mai il Feedback, cosa devo dire che non ha alcun senso se compri su ebay, insomma come sempre è il buon senso che dovrebbe guidarci oltre che l'onestà, aggiungerei.

Rilasciare un commento e punteggio onesto è un dovere per un ebayer oltre che un piacere, perchè questo favorisce gli scambi e la professionalità di tutti e del sito stesso, in fondo anche la nostra vera Patente è diventata a punti!

Feedback negativo ricevuto

Vendo su ebay da ancora prima che si chiamasse ebay, intendo ebay.it (italiano) ebay infatti comprò all'epoca un sito già in uso in Italia, dove io già vendevo da alcuni mesi, arrivò ebay e le cose non furono mai più le stesse, in meglio, e di tanto.

All'epoca esisteva il Feedback, da subito una volta che diventò ebay.it, e potete immaginare come noi primi utenti, primi venditori eCommerce in un paese da questo punto di vista davvero arretrato, potessimo accogliere questa novità, non scenderò nei dettagli, ma vi basti sapere che conosco persone che usavano il commento di Feedback reciproco per scherzare e prendersi in giro a vicenda.

Certo i tempi sono cambiati, adesso il Feedback svolge il suo reale compito di "pagella" dell'ebayer, ma come detto in precedenza, rassegniamoci tutti al sopraggiugere prima o poi di un bel Feedback negativo, che, per esperienza almeno, è una bella batosta, sopratutto se si è totalmente in buona fede, ma si sa, è il venditore alla fine risponde di tutto, anche se tecnicamente, ad esempio un pacco danneggiato, difficilmente può essere imputabile al venditore, a meno che non abbia effettuato un imballo scadente.

Il primo consiglio in caso di Feedback negativo ricevuto è di contattare l'acquirente e di cercare una soluzione, altrimenti non ci resta che ingurgitare il rospo e andare avanti, in quanto ebay non ce lo leverà mai, tranne che in rarissimi casi che esamineremo più avanti.

Esiste ad ogni modo anche una remota possibilità di affidarci ad un Legale, ma obiettivamente, salvo casi davvero gravi, non vedo come si possa giustificare una spesa del genere e sopratutto il tempo perso dietro ad un processo di questo tipo, anche se di gran lunga semplificato.

Rispondere alle mail

Quando dico che è essenziale rispondere alle mail, anche alle più astruse, lo dico proprio per evitare anche possibili Feedback negativi, in pratica, se siamo onesti, e diamo tutti i dettagli dell'oggetto, difetti compresi, sarà molto improbabile che le cose vadano storte, ricordarsi inoltre che la gentilezza premia sempre, e in casi davvero ostici, possiamo anche prendere in considerazione la possibilità di telefonare al cliente per spiegare di persona la vicenda, per esperienza, è molto improbabile non trovare un accordo parlandosi a tu per tu.

Un utente che ci bombarda di domande alla fin fine ci sta solo evitando di spedirgli una grossa delusione e di incorrere nel pericolo di commento e di Feedback negativo, se per caso non è quello che sta cercando, dunque ben vengano le mail e le nostre risposte sempre cortesi e veloci.

Revisione del Feedback

Succede spesso che il cliente in un attimo di foga, lasci un commento di Feedback negativo, come sapete non si potrebbe in seguito cambiarlo o trasformarlo in positivo, neanche volendo, è per questo che ebay ha previsto la "revisione del Feedback" che in pratica è una mail che il venditore può inviare all'acquirente, nella quale vi è un Link che permette di cambiare sia il commento che il valore del Feedback, da negativo a positivo, capita spesso ad esempio dopo che venditore e acquirente si sono chiariti per telefono, oppure dopo che il venditore accetta di effettuare un rimborso che il cliente desideri cambiare il proprio Feedback rilasciato.

In caso di accettazione di revisione del Feedback da parte dell'acquirente, quest'ultimo viene aggiornato in tempo reale e in automatico, senza neanche l'intervento dell'Assistenza ebay.

E' un mezzo da usare sempre e comunque, al massimo il cliente può semplicemente ignorare la nostra mail, io personalmente aspetto qualche settimana dal ricevimento di un Feedback negativo e poi invio la mail di revisione del feedback al cliente, non si sa mai che nel frattempo si sia rinsavito!

Rimozione del commento

Ricordiamoci ad ogni modo, che, cosa più importante del punteggio negativo di Feedback, è di gran lunga il commento negativo ricevuto a danneggiarci come venditori, ed è per questo che almeno qui, possiamo intervenire abbastanza efficacemente, infatti se nel commento sono presenti dei vostri dati personali, come nome, cognome, indirizzo, numeri di telefono ecc, l'assistenza ebay è obbligata ad eliminare il commento, idem se sono presenti ingiurie ed offese personali, come scemo, truffatore ecc, ricordatevelo, in questo caso la rimozione è garantita e rapidissima.

Evitate ad ogni modo di minacciare il cliente, vi consiglio o di provare a trovare un compromesso, possibilmente a voce, oppure di ignorare la cosa punto e basta, in fondo, se avete le spalle larghe ed intendo larghe quanto migliaia di Feedback, un Feedback negativo vi farà solo il solletico.

4

EBAY COME TERMOMETRO DEI DESIDERI DEGLI ITALIANI

Ne ho accennato in precedenza ed ora è venuto il momento di guardare ebay con occhi diversi, in effetti un sito talmente vasto ed internazionale, offre mille altre opportunità oltre che vendere e comprare, in effetti ebay è a tutti gli effetti anche un efficientissimo termometro dei gusti e dei desideri, non solo degli Italiani, ma anche di quasi tutto il resto del pianeta!

E' proprio così, se fossimo dei Sociologi potremmo usarlo a tal scopo, per studio o indagini varie, ma molto più banalmente, ebay viene usato comunemente anche da Publicitari, Imprenditori, Agenti di Marketing, ecc insomma da chiunque si occupa sostanzialmente di intravedere che cosa funziona e che cosa non va proprio.

Spesso prima di lanciare un prodotto sul Mercato, si eseguono indagini ebay molto approfondire, per vedere quanto un oggetto è desiderato, in che paesi, di che colore e forma ecc, in pratica si effettuano sul sito delle vere e proprie indagini di mercato, e in questo ebay, come per altro tutti i Social Network in generale, sono dei formidabili strumenti di perlustrazione.

Ebay e la tutela della Privacy

Si rende necessaria perciò una ferrea regolamentazione della Privacy, sopratutto su ebay, dove tra le altre cose, circolano anche i dati delle nostre carte di credito ed account Paypal, che sostanzialmente è una banca on-line a tutti gli effetti, oltre ai nostri dati sensibili e personali.

In questo ebay è sicuramente all'avanguardia, sia dal punto di vista della sicurezza informatica che dal punto di vista della tutela della Privacy, ne ha fatto una vera e propria bandiera, visto che la sicurezza, in un sito del genere, che si occupa di transazioni economiche, è tutto.

La ricerca avanzata su ebay

La ricerca avanzata, su ebay, è un mezzo potentissimo, che dobbiamo conoscere molto bene sopratutto in qualità di venditori, essa ci consente infatti di capire quanto può valere in realtà il nostro oggetto appena inserzionato, ma ci può dire anche chi l'ha venduto, quanti ne aveva a disposizione e dopo quanti tentativi è riuscito a venderlo bene, non è detto infatti che la vendita sia andata bene al primo tentativo .

Potremmo decidere di scremare la ricerca delle inserzioni in 2 macroaree, quelle in corso e quelle scadute, vediamo come.

Ricerca avanzata: Inserzioni in corso e Inserzioni scadute

Spuntiamo in alto la scelta della ricerca avanzata e scegliamo le "inserzioni in corso", da qui potremmo scegliere se guardare solo le inserzioni all'Asta o con il Compralo Subito, potremmo inoltre scremare tra oggetti lontani o fisicamente vicini a noi, in pratica le opzioni più importanti per la nostra ricerca sono sotto elencate:

- ricerca avanzata

- inserzioni in corso

- Asta o Compralo Subito

- per venditore (nazionale e internazinale)

- per vicinanza fisica agli oggetti

- per costo dell'oggetto, con o senza le spese di spedizioni conteggiate

- oggetto del Negozio o meno

- oggetti più rilevanti (di default nella ricerca iniziale)

Come vedete, anche senza aver elencato tutte le opzioni, sono già parecchie ed offrono tutte le risposte alle nostre domande sul valore dei nostri oggetti in vendita, è interessante notare anche il fenomeno per cui oggetti identici, spuntano cifre a volte anche enormemente differenti, e come alcuni venditori decidano di inserire dei prezzi, più o meno a caso, senza prendersi la briga di effettuare una preventiva sommaria ricerca di mercato.

Oltre a dare una notevole impronta professionale, inserire un prezzo adeguato, è anche di notevole vantaggio per risparmiare molti soldi in inserzioni, che vi ricordo si pagano sempre anche senza vendita, e in commissioni sul venduto.

Andiamo ora ad esaminare le "Inserzioni Scadute", che sotto molti punti di vista rappresenta la ricerca più interessante che possiamo fare su ebay, in quanto ci presenta una fotografia reale dei prezzi di vendita del momento.

Possiamo scremare subito tra oggetti con offerte e senza, e decidere anche qui di aggiungere opzioni di ricerca identiche a quelle sopra elencate per le inserzioni in corso.

Una ricerca di base potrebbe essere ad esempio, l'individuazione del prezzo finale più alto di una Moto d'epoca o di un Pc portatile di marca e nuovo ecc, rimarrete stupiti dalla quantità di oggetti venduti ed in vendita su ebay, ad oggi, dopo centinaia di ricerche effettuate, solo in pochissimi casi mi è capitato di non trovare un oggetto identico o molto simile già inserzionato in precedenza, in questi casi davvero eccezionali, la parola Raro ha davvero un senso!

Sotto potete vedere parte dei parametri di ricerca presenti nell'importante pagina della ricerca avanzata ebay, si noti il notevole numero di opzioni possibili:

 **Ricerca avanzata**

Ricerca avanzata

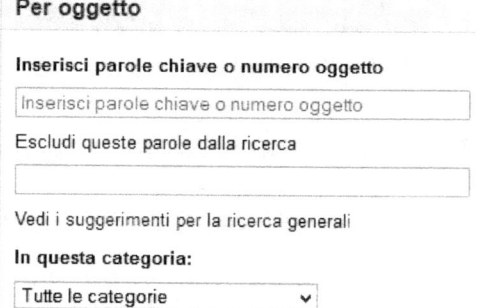

Oggetti	Per oggetto
Cerca oggetti	**Inserisci parole chiave o numero oggetto**
Per venditore	Inserisci parole chiave o numero oggetto
Per offerente	Escludi queste parole dalla ricerca
Per numero di oggetto	
Negozi	Vedi i suggerimenti per la ricerca generali
Per oggetti in vendita	**In questa categoria:**
Per nome del Negozio	Tutte le categorie

Un bravo venditore, deve innanzitutto sapere quanto vale ciò che vende, sempre e comunque, certo a grandi linee, ma è essenziale per la sua immagine e per poter spuntare il massimo da un inserzione, non c'è niente che faccia più sorridere infatti, di un inserzione di un ebayer inesperto, che spara una cifra assurda per un oggetto che vale pochi euro, capita spesso, ve lo garantisco e ogni volta non manca di farmi sorridere di cuore.

Dunque spendiamo qualche minuto in più se non sappiamo cosa stiamo vendendo e usiamoli per fare una ricerca approfondita su ebay, potremmo anche scoprire cose inaspettate sul nostro oggetto sconosciuto, magari potremmo anche scoprire termini e parole legate ad esso, che ci aiuteranno enormente nella descrizione e nell'uso delle "parole chiave" per il titolo.

In sostanza la ricerca avanzata ci aiuta molto spesso a diventare dei venditori oltre che più bravi, anche più consapevoli, e non solo di cosa stiamo vendendo, ma anche del nostro reale livello di professionalità raggiunto, a patto però di mantenere le orecchie e gli occhi ben aperti.

Parole "chiave" usate nella ricerca

Come detto in precedenza, ebay stesso ci fornisce i mezzi anche per sapere quali parole e quali sono gli oggetti più desiderati, usare queste parole come TAG da usare nei Titoli e nelle Descrizioni delle nostre inserzioni, ci farà salire di parecchio nella lista della ricerca ebay e non solo, sotto vi riporto una sezione speciale di ebay Annunci, che come potete notare esegue esattamente quanto detto sopra, è inutile dire che è una sezione importantissima per i venditori ebay:

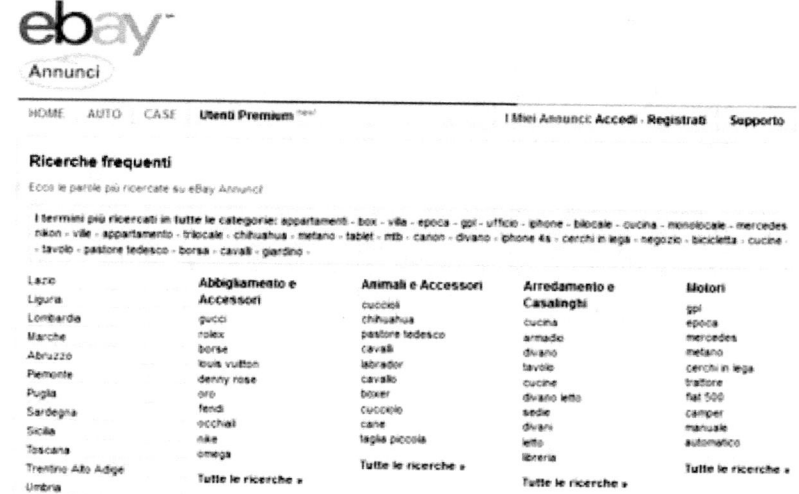

5

IL FUTURO DI EBAY E NUOVE STRATEGIE DI VENDITA

Ebay è un sito incredibile, non c'è che dire, è in continua evoluzione ed espansione, in Italia ormai è un Classico, come nel resto del mondo, l'idea di futuro di ebay è sicuramente incentrata sulla "Professionalizzazione" del sito, in pratica più venditori professionisti che garantiscono molte più Garanzie ai consumatori, e meno venditori improvvisati, da qui la suddivisione in settori ben distinti, ma resta comunque la possibilità, con pochissima spesa iniziale, di poter avviare un Business di sicuro soddisfacente dal punto di vista economico.

Vendere su ebay non è facile, e per vendere intendo vendere bene, guadagnarci, viverci, magari come un secondo lavoro all'inizio, per trasformarlo nel tempo in un attività a tutti gli effetti.

Basilare è l'approccio da imprenditore dell'ebayer, dunque anche tanta umiltà all'inizio, in fase di acquisizione delle tecniche di vendita e dei mezzi per arrivare al successo, che è poi l'obiettivo del mio libro, fornire un manuale tecnico, ma non solo, sopratutto una iniezione di positività per tutti, se ce l'ho fatta io ce la potete fare anche voi, è garantito, ma come ho già detto, bisogna sporcarsi le mani, tentare, anche sbagliare prima di riuscire.

Ebay da questo punto di vista è davvero democratico, non guarda in faccia nessuno, non vendi di più perchè sei bello o perchè sei del nord, vendi più degli altri perchè sei più bravo, e in questo libro ti offro i mezzi per diventarlo, ebay è solo all'inizio, ancora qui in Italia sento persone che quando parlo di ebay mi guardano come se fossi un alieno, ricordo ad esempio un mio amico di Arenzano, un paesino Ligure in riviera, che anni fa, quando gli dissi che vendevo su ebay per lavoro, iniziò a prendermi sonoramente in giro, senza mezzi termini, salvo poi contattarmi pochi anni dopo, per vendergli con urgenza su ebay tutte le sue auto d'epoca e centinaia di ricambi, perchè non poteva più tenersi il magazzino, quando vide che in meno di 3 settimane gli avevo svuotato il magazzino e portato nelle sue casse migliaia di euro, cambiò idea su ebay ed iniziò a chiedermi consigli su come imparare a diventare anche lui un venditore di successo sul sito.

Negli ultimi capitoli vedremo come raggiungere il massimo su ebay, in termini di vendita, dunque le strategie più raffinate e i consigli che farano la differenza tra l'usare ebay come secondo lavoro e usarlo a tutti gli effetti come attività principale.

Tecniche avanzate di vendita

Nei prossimi capitoli ci concentreremo sulle tecniche avanzate di vendita, dunque come utilizzare l'HTML avanzato, i Negozi ebay, i sistemi di pagamento più efficaci e veloci, come gestire il servizio clienti, un alto volume di spedizioni, le inserzioni multiple, ed in ultimo, come sfruttare in coppia le potenzialità del fratellino minore di ebay, ossia l'ebay Annunci.

Il mio eBay

Lo conoscerete già sicuramente, e adesso è venuto il momento di parlarne, il "mio ebay" è l'interfaccia utente di ebay, possiamo gestirlo a nostro piacimento, ma consiglio a tutti i venditori di mettere in Home Page, le inserzioni in corso e gli oggetti venduti e poco altro, qui da ora in avanti parleremo di come gestire dalle 200 alle 500 inserzioni alla volta in su, dunque un volume notevole di vendita, per snocciolarvi alcuni dati reali e farvi capire la mole di lavoro, quando all'inizio avevo un volume di una cinquantina di inserzioni in Negozio, vendevo circa 1/2 oggetti al giorno, immaginate adesso un volume di 500 inserzioni in corso, vuol dire all'incirca 10/12 vendite più o meno garantite al giorno.

Si rende necessaria una buona dose organizzativa, per aumentare l'efficienza, ridurre i costi e possibili Feedback negativi dovuti a ritardi ed errori, dunque prima cosa, eliminate dal "vostro ebay" inutili link che non utilizzerete mai e lasciate solo le finestre per gli oggetti in corso e quelli venduti, sotto, potete tenere le possibili controversie ebay aperte, anche se nel "nuovo ebay", che devo dire molto migliorato, già di default compaiono in alto.

Sulla sinistra, di default, una barra con la contabilità essenziale, tra offerte in corso e denaro da incassare, già ben delineate, dunque non vi consiglio di cambiare niente.

HTML avanzato nelle descrizioni

L'HTML avanzato, ci verrà molto utile per aggiungere LINK che ci possano portare in vere e proprie pagine personali, dove potremmo aggiungere ulteriori informazioni, che appesantirebbero troppo l'inserzione e sopratutto che non verrebbero neanche lette, inserire dei pulsanti ad esempio, che conducono a nostre pagine esterne, può facilitare il compito relativo al Servizio Clienti che affronteremo in seguito, io personalmente uso una decina di LINK che portano a pagine riservate alle istruzioni relative ai pagamenti, imballaggi, spese di spedizione, lista di paesi dove non spedisco ecc, in pratica tutte quelle informazioni che fa "Professional" pubblicare, ma che solo alcuni decidono di andarsi a leggere, ma che, attenzione, per il solo fatto di esserci, fanno di voi un venditore al di sopra della media, potete sbizzarrirvi a creare una vera e propria pagina web più o meno sofisticata, ma già una serie di LINK posti in fondo all'inserzione come riportato sotto nell'esempio, vi farà fare un gran bel salto di qualità, ogni LINK porterà ovviamente ad altrettante pagine da voi precedentemente create, miraccomando, siate creativi a piacimento, come unico accorgimento però usate lo stile dell'inserzione ebay anche nelle pagine esterne, questo per evitare di disorientare troppo il cliente, facendolo sentire fuori dal "nido ebay", usate il codice HTML usato in precedenza per i LINK esterni:

Chi siamo | Pagamenti | Garanzie | Servizio Clienti

Negozi eBay

Il Negozio ebay è sicuramente il mezzo migliore e più economico per gestire un grosso volume di vendite, inoltre l'aspetto è decisamente professionale e personalizzabile quanto basta, cosa fondamentale all'inizio è crearsi immediatamente un Logo del nostro Negozio, che sarà indissolubilmente associato al nostro account ebay business e che comparirà anche in tutte le nostre inserzioni, miraccomando, visto che non nasciamo tutti designer, è preferibile spendere qualche euro e farci fare un Logo coi fiocchi da professionisti del settore, un Logo brutto, non farà che darvi una pessima immagine invece di rafforzarla. Se non avete soldi da spendere o semplicemente non volete spenderne all'inizio, ricordate che la cosa migliore è un Logo semplice con il vostro Nik ebay e possibilmente un immagine o disegno che ricordi ciò che vendete o che vi contraddistingue tra la folta Comunity dei venditori ebay.

Si può sempre sbirciare su Google e scopiazzare qua e la ciò che ci piace, ma fate attenzione a non copiare spudoratamente un altro Logo, pena la possibile denuncia di furto, dunque copiare si, ma un po' qui e un po' la, copiate le idee se potete e non le immagini.

Il Negozio, per esperienza, funziona e molto, sopratutto se ben gestito tra Aste e Compralo subito a lunghissima scadenza o senza scadenza, la vostra immagine di venditore ne risulta ampliata e aumenta notevolmente la fiducia che instaurate con i potenziali clienti, vedrete spesso tornare vecchi clienti a comprare da voi e questa è la forza dei Negozi ebay, cosa che attualmente non è possibile ottenere in nessun altro modo, a meno di non creare siti di enorme successo con le proprie mani, cosa impossibile senza spendere letteralmente migliaia di euro di tasca nostra in pubblicità.

Dico questa cosa, più o meno scontata, perchè spesso mi sento chiedere come mai sono disposto a spendere un sacco di soldi per vendere su ebay e per mantenermi, per così dire, il Negozio ebay, ebbene, la risposta è ovvia, avendo provato tutte le alternative, vi garantisco che questa è di gran lunga la più redditizia, si vende e tanto in questo modo, potremmo così concentrarci esclusimente sul come reperire il materiale da inserzionare, a questi punti più ce né e meglio è, visto che abbiamo così abbattuto le enormi spese di inserzionamento per grandi volumi di vendita, e gestire al meglio i pagamenti e le spedizioni.

Esistono 3 tipi di Negozio ebay, il Base, il Premium e il Premium Internazionale, in sostanza otteniamo un notevole risparmio sull'inserzionamento e un minimo risparmio sulla commissione sul venduto, ci impegniamo però a pagare una quota mensile fissa in base al tipo di Negozio scelto, ovviamente a prescindere dall'utilizzo o meno, salvo l'opzione di chiusura estiva per le vacanze, i prezzi e le tariffe di vendita sono piuttosto complesse, a scaglioni e in costante aggiornamento, dunque non menzionerò cifre, come sempre all'inizio è meglio scegliere le opzioni più economiche e provare cosa ci soddisfa di più, tutti e 3 i Negozi ebay prevedono comunque una quota mensile fissa.

Per i Negozi vale la regola che più sono grossi e pieni di merci in vendita e più verrano visti e dunque più venderai, più venderai e più verrai visto, in sostanza, creando un benefico circolo vizioso di vendite esponenziali.

Inserzioni multiple

Le inserzioni multiple sono delle particolari inserzioni molto efficaci, che ci consentono di vendere in blocco oggetti identici in un unica soluzione, risparmiando così tempo e denaro, è un mezzo molto interessante sopratutto se applicato a particolari oggetti come gli ebook, ovviamente risparmieremo solo sulle spese di inserzionamento, in quanto pagheremo comunque una commissione sul venduto per ogni singolo oggetto.

Come per i Negozi ebay, anche per le inserzioni multiple vale lo stesso concetto, più vendono e più saranno in alto nella ricerca e più venderano.

Per poterle utilizzare ricorda però che devi avere un numero minimo di Feedback.

Servizio Clienti

Il "Servizio Clienti" è un altro passo che fa la differenza tra venditori Professionali e non, un vero e proprio servizio clienti, dotato di dipendenti che se ne occupano a tempo pieno è impensabile all'inizio, per via degli enormi costi, ma possiamo tuttavia creare un semplice servizio clienti "casalingo" ma decisamente efficace seguendo delle semplici linee guida.

Come primo consiglio, apritevi un numero telefonico che userete solo a tal scopo, come interfaccia con i clienti, vi ricordo che comparirà on-line su tutte le vostre inserzioni, dunque non inserite mai il vostro numero personale, essere gentili e disponibili va bene, ma non dobbiamo essere presenti 24 ore su 24 al cellulare, magari per vendite di poche decine di euro, e con telefonate ad orari impossibili.

Altro fattore importante del Servizio Clienti è il lavoro attraverso l'uso delle mail, dovrete assolutamente tenere una rubrica delle mail dei vostri acquirenti, per poterle utilizzare a fini pubblicitari, senza esagerare però, con il Negozio ebay abbiamo comunque già la possibilità di invio di mail di marketing, e la possibile iscrizione alla mailing list del nostro Negozio, dunque utilizzate assolutamente questi mezzi perchè sono molto importanti per fidelizzare i clienti e per trovarne sempre di nuovi, come dicevo all'inizio del Libro, i clienti non ci mancano, ma dobbiamo essere in grado di attrarli dalle nostre parti.

Se poi avete un notevole giro di affari, potete anche pensare di assumere dei dipendenti, che potranno occuparsi a tempo pieno del Servizio Clienti, cercando comunque di risolvere sempre il 99% dei problemi e delle richieste via mail.

Spedire in giornata e comunicare tempestivamente il codice di tracciatura on-line è poi un ottimo modo di intendere un buon servizio clienti, e consigliabile a qualunque venditore ebay.

eBay come vetrina pubblicitaria

Usare ebay come una vera e propria vetrina pubblicitaria è un utilizzo avanzato del sito, per essere efficace bisogna conoscere molto bene il marketing delle inserzioni, come abbiamo visto nei capitoli appositi e dobbiamo essere in grado di dirigere i nostri potenziali clienti nelle pagine che desideriamo, quasi sempre un nostro sito esterno.

Questa pratica non è vietata su ebay se si rispettano alcune norme, e se non servono ad aggirare le commissioni ebay, mi spiegherò meglio, se abbiamo una Agenzia di Viaggi ad esempio, potremmo creare delle Aste civetta, ossia Aste che creano curiosità nel pubblico e che servono per portare clienti al nostro Negozio ebay o anche esterno, quello da capire qui è che in realtà non dobbiamo vendere per forza qualcosa in queste particolari Aste, ricordatevi che sono esclusivamente una pubblicità a basso costo.

Dunque, per rifarci al caso dell'Agenzia di Viaggi citato, potremmo creare un Asta di tipo generico, dove, più che offrire un Viaggio incredibile a basso costo, cosa che funzionerebbe peraltro, usiamo la pagina dell'inserzione per offrire, magari un Bonus sconto su tutte le nostre proposte ecc, questa è solo una delle mille idee possibili. Ricordatevi che l'obbiettivo di queste inserzioni non è vendere una cosa o un prodotto specifico, come accade in una normale inserzione, ma bensì pubblicizzare la vostra Azienda, tenetelo bene a mente mentre procedete con l'inserzionamento.

Non preoccupatevi se riceverete delle offerte, potrete chiudere l'inserzione comunque entro le 12 ore dalla scadenza, se riuscirete ad attrarre centinaia di potenziali clienti con la vostra inserzione pubblicitaria allora avrete speso più che bene i vostri 15 centesimi d'Asta, dovrete ovviamente dare fondo a tutti gli insegnamenti di questo Libro, imparare dai più esperti e copiarli, solo così otterrete grandi risultati, all'inizio non è facile e scontato, bisogna studiare e apprendere un vero e proprio linguaggio, che è quello delle vendite on-line, territorio per lo più inesplorato, sopratutto qui da noi, e proprio per questo in grado di promettere grandi ricchezze a chi ne carpisce i meccanismi di funzionamento.

eBay Annunci

All'inizio si chiamava solo Kijiji, ed è sempre stato nell'orbita di ebay, fino a diventarne a tutti gli effetti il fratellino minore, ma minore non di certo per volumi di pubblicità, anche se a noi, in qualità di utilizzatori del sito, interessa ben poco.

Verrebbe da chiedersi perchè continuare a pagare fior di soldi per vendere sull'ebay Classico, quando su ebay Annunci è tutto gratuito o quasi, vi sono infatti delle opzioni a pagamento, la risposta è semplice, ogni pezzo che vendo su ebay Annunci, corrisponde a circa 100 identici venduti su ebay Classico.

E' chiaro che qui non è solo una questione di visite, in pratica il punto focale è la fiducia, o meglio, la paura di ricevere un bidone da un venditore improvvisato, che magari neanche spedirà la merce che gli abbiamo appena pagato.

Ebay Annunci però è fenomenale se usato insieme all'ebay Classico, e qui la possibilità di inserire il nostro HTML con LINK esterni è fondamentale, dunque possiamo vendere alcuni prodotti su ebay Classico, oggetti che ci danno magari la notorietà e le visite e poi dirottarli sul nostro ebay Annunci, dove potremmo inserzionare e vendere qualunque cosa senza preoccuparci delle commissioni, visto che è completamente gratuito.

Potremmo fare anche l'operazione inversa, io consiglio di fare in tutti e due i modi, in pratica nelle inserzioni dell'ebay Annunci, inseriamo (non si può usare l'HTML) un LINK al nostro account Professionale ebay.

Verrebbe qui da chiedersi come mai ebay si è potuto tirare la zappa sui piedi in tale modo, visto che di per se la cosa non è vietata, le motivazioni sostanzialmente stanno nella concorrenza che finalmente, oserei dire, si è affacciata anche nel nostro paese, siti di vendita gratuita che stanno rodendo molto del potere monopolistico che per anni ha fatto di ebay l'unica opzione concreta per l'eCommerce e le vendite on-line.

Molti si ostinano ad utilizzare Negozi eCommerce personali, e sperano così di abbattere i costi di inserzionamento, ma purtroppo non funzionano, ci ho provato anni fa, ed il problema è che non ti vede nessuno e per farti vedere devi spendere cifre ben ben più alte di quelle richieste su ebay, e vi ricordo senza nessuna garanzia di vendita, visto che dopo che il cliente finalmente ti vede, non è detto che si fidi, anzi, è davvero poco probabile, a meno che tu non sia il proprietario di un sito davvero enorme, ma le spese di apertura e gestione di un tale sito, a mio avviso sono ancora troppo esorbitanti, se devo fare una stima tra le spese e i possibili guadagni allora preferisco di gran lunga il mio Negozio ebay professionale, che mi garantisce notevoli volumi di vendita e cosa ancora più importante è in continua crescita, vedremo ad ogni modo cosa ci riserverà il futuro, il dado ormai è tratto e l'eComerce è finalmente una realtà anche da noi, dunque terremo tutti le antenne alzate e vedremo con curiosità cosa si inventerà ebay nel futuro.

Nella foto sotto potete vedere l'Home Page di ebay Annunci, se guardate bene potrete notare, molti Link interessanti, tra cui, in fondo pagina, le "parole" e gli oggetti più ricercati:

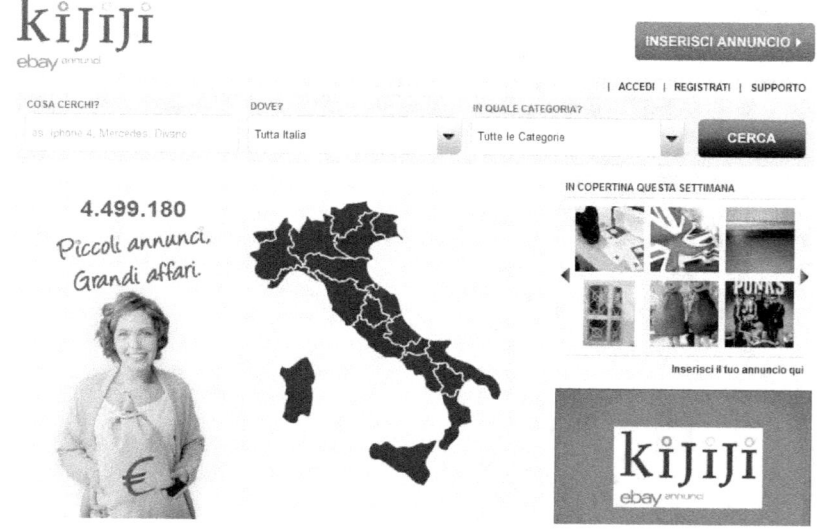

CONCLUSIONI

Dopo una quindicina di anni di vendite on-line e poco più di una decina su ebay, mi sento di dire che l'eCommerce non è più una novità, dai per favore smettiamola di continuarla a vedere come un eccezione, per quanto mi riguarda è la norma, e lo è per migliaia di altri Italiani, servizi al telegiornale che enfatizzao il fenomeno come in "enorme crescita" vanno bene, ma ricordiamoci che è anche una notizia scontata, non ci sono dubbi che in futuro i numeri saranno talmente enormi da non fare neanche più notizia; immaginate un servizio del Tg che afferma che il numero dei televisori in Italia è di parecchi milioni, quanto ne rimarresti sconvolto?

Più o meno è quello che provo quando sento notizie propagandistiche sui numeri crescenti delle vendite on-line, ma si sa tutto fa brodo, dunque l'importante è parlarne ed alla fine è giusto così.

Si sente molto parlare di "riciclaggio" e dell'economia del riutilizzo, e devo dire che in questo ebay più aiutare molto, so di storie di venditori di successo in tutto il mondo che si sono dedicati a questo particolare settore e potrebbe essere un ottima idea di business per alcuni neo venditori.

Notevole e da menzionare anche l'impegno di ebay a favore del "Sociale", tra cui ricordo molte Aste per raccolte fondi seguite anche da "Striscia la notizia" e da personaggi famosi dello spettacolo.

Interessante anche l'utilizzo del marchio ebay in negozi fisici sparsi per il nostro paese, i Vendilo di ebay, in pratica consiste nel fare da rivenditori di oggetti altrui, ma a differenza del programma di Assistente alle Vendite ebay, in questo caso è richiesta una sede fisica, dove gli interessati potranno portare di persona il proprio materiale da inserzionare sul sito, si possono esporre i marchi ed i Loghi di ebay in vetrina, anche se devo dire che qui da noi almeno, non ha fatto un gran successo, forse perchè ormai sono in moltissimi i Negozi e le catene di Negozi di vendita dell'usato, che ritirano la merce in contovendita dal cliente, richiedendo una (enorme) commissione del 50% sul venduto, in pratica fanno la stessa cosa dei Vendilo di ebay ma senza passare dal sito e bypassando così la vendita on-line.

Le idee in pentola sono molte, alcune di successo ed altre meno, ma ad ogni modo ebay si dimostra come sempre un sito all'avanguardia per innovazione e coraggio, devo dire che è uno dei più scopiazzati in assoluto, anche dei classici siti dei Social, addirittura c'è chi si è inventato l'Asta alla rovescia, in pratica vince l'Asta chi fa l'offerta unica minore, si hai letto bene, l'offerta minore vince, ma attenzione deve essere solo quella e non ne devono arrivare due identiche, in questi particolari siti, dove il materiale in vendita è sostanzialmente dei proprietari del sito o comunque di persone che vi gravitano intorno, l'utente può solo acquistare puntando, proprio come in un gioco, però al ribasso.

Dopo un successo notevole iniziale, il fenomeno si è gradualmente spento, attualmente i siti simili sono molto pochi e sembrerebbero anche poco frequentati a dire il vero, daltronde, come dice il detto, un bel gioco dura poco.

I numeri di ebay d'altro canto sono assolutamente imbattibili, da tutti i punti di vista, l'AC Nielsen International stimava in 241.000.000 il numero degli utenti ebay registrati nel mondo al 2006 e con un fatturato prodotto dalle transazioni sul sito, di circa 52 Miliardi di Dollari, 1.300.000 invece sono gli ebayer che hanno fatto di ebay una fonte di reddito supplementare, di cui 170.000 nell'intera Europa e 8.000 solo in Italia, dati sempre relativi al 2006.

Dunque, nonostante gli innumerevoli tentativi di imitazione, ebay resta lì, sopra tutti, a dettare le leggi sull'eCommerce e noi, venditori e acquirenti del sito insieme a tutti gli altri ebayer del pianeta, restiamo in attesa di vedere come evolverà uno dei siti più famosi del mondo e che crea sempre così tanto interesse e curiosità.

RINGRAZIAMENTI

Un ringraziamento davvero speciale va sicuramente all'Assistenza ebay che mi ha gentilmente aiutato in mille occasioni, spesso anche con lunghe ore al telefono, non dimentico inoltre quei venditori ed amici ebayer conosciuti in anni di "chattate" nella mitica, ora purtroppo non più esistente, chat di ebay, vera e propria scuola di "insegnamento rapido" per tutti, nonché occasione di grandi amicizie, anche internazionali, alcune delle quali durano a tutt'oggi.

Un sentito grazie anche a chi ha creduto nelle mie capacità di venditore, affidandomi i propri oggetti in vendita, e a tutti quei clienti che ogni giorno mi dimostrano la propria stima ed affetto, è anche grazie a loro se oggi sono riuscito a diventare un venditore di successo su ebay.

Un ultimo ringraziamento lo devo a chi ha creduto in questo progetto editoriale, aiutandomi nella stesura di questo Libro, che per la cronaca è anche la mia prima avventura editoriale, sono letteralmente decine di persone dunque non le nominerò una ad una, ma il loro contributo è stato fondamentale e con i loro preziosi consigli, frutto di anni di esperienze nell'editoria, mi hanno saputo consigliare al meglio evitandomi così mille possibili errori ed intoppi.

INDICE

www.ingramcontent.com/pod-product-compliance
Lightning Source LLC
Chambersburg PA
CBHW062050280526
45788CB00003B/1176